Kleine und große WUNDER DER NATUR

Vorlesegeschichten
mit ganz viel Sachwissen

GESCHRIEBEN VON
Gabby Dawnay

ILLUSTRIERT VON
Mona K

CARLSEN

In diesem Buch verstecken sich neun verschiedene Naturgeschichten zum Vorlesen. Alle erzählen von ganz alltäglichen Wundern … die nur darauf warten, von dir entdeckt zu werden!

Am Ende jeder Geschichte kannst du zusammen mit den Erwachsenen, die dir vorlesen, eine Seite mit spannendem SACHWISSEN zum jeweiligen Thema erkunden.

Alles über BIENEN und BESTÄUBUNG

Ohne BESTÄUBUNG könnten sich Blütenpflanzen nicht vermehren. Sie sind darauf angewiesen, dass ihr Pollen, also der Blütenstaub, von einer Blume zur anderen gelangt, sodass dort neue Samen entstehen können, aus denen Jungpflanzen wachsen. Dabei helfen ihnen BESTÄUBER wie zum Beispiel Bienen. Ohne sie wären unsere Wiesen längst nicht so bunt und schön.

Welches ALLTÄGLICHE WUNDER möchtest du heute kennenlernen?

Sanft rauscht das Gras der Wiese im Wind –
dort draußen verbirgt sich eine Welt voller Wunder …
lass sie uns gemeinsam erkunden!

Jeden Tag geschieht hier Unglaubliches: am Himmel, am Boden und sogar bei den Wurzeln tief unter der Erde.

Im Vogelnest schlüpft neues Leben, summende Bienen tanzen von Blüte zu Blüte und in den Baumstämmen schlägt das Herz des Waldes!

Ein Hirsch stolziert durchs Unterholz und die Kaulquappen im Teich beginnen, sich zu verwandeln.

Jede Jahreszeit bringt Veränderung und jeden Morgen wirft ein neuer Wald die Decke aus Tautropfen ab.

Die Magie der Natur ist für alle da, ob klein, ob groß, ob auf der Blumenwiese oder tief im Wald.

Unser Zuhause – dieser wunderschöne Blaue Planet – bietet uns Platz zum Leben, Wachsen und Gedeihen.

Wir alle sind wichtig für unsere Welt und ihr Gleichgewicht.

KOMM, TAUCH EIN IN DIE WUNDER, DIE UNS ALLE UMGEBEN!

Das GEHEIMNIS der PILZE

Unter den Blättern,
bei den Baumwurzeln am Boden,
wirbelt ein Windstoß
Tausende Sporen auf ...

Sie steigen in die Luft,
tanzen in der Brise und
verteilen sich wie Feenstaub
in alle Richtungen.

„Juhu!“, jauchzen sie. „Wir sind unterwegs!“

Denn dort, wo sie landen, werden neue Pilze aus ihnen wachsen.

Der Wind schaukelt sie hin und her, trägt sie der Sonne entgegen und zu neuen Orten.

Immer weiter
geht ihre Reise
und einige schweben hinab
auf ein weiches Moosbett.

„Hier bleiben wir!", seufzen sie wohlig, sinken ins Grün
- und fangen sofort an, ihre unsichtbaren Fäden zu spinnen.

Und schon bald …

Im muckelig warmen Boden breitet sich ein unterirdisches Netz aus und bildet faszinierende Muster …

Ein Durcheinander von hauchzarten Schnüren durchzieht den kompletten Untergrund, von der Oberfläche tief hinab …

… wächst das Myzel immer weiter und verbindet das Leben über und unter der Erde.

Die Pilzfäden fressen
die Abfälle des Waldes,
all das, was oben
niemand mehr braucht.

Ein fleißiges und cleveres
Netzwerk, das im
Verborgenen wächst und
gedeiht, bis eines Tages …

ein neuer Fruchtkörper
seinen Kopf aus der Erde reckt
und als süßer Knopf
die Welt begrüßt!

Und ein paar
Regentropfen
und Tauperlen
später …

Na, hallo, kleiner Pilz,
und hallo, gleich noch einer!

Ein ganzer Haufen taucht auf
wie durch Zauberei! (Und
er heißt auch wirklich Feenring,
wenn er kreisförmig wächst!)

Pilz eins und
Pilz zwei,
Pilz drei und
Pilz vier -
bald drängeln sich alle
im grünen Moos!

Denn in Gesellschaft
fühlen sie sich am wohlsten
und schon bald schicken sie
selbst neue Sporen
auf die Reise, bis überall Pilze
sprießen und gedeihen.

Geheimnisvolle Wesen
sind sie, deren Leben
unter der Erde beginnt
- bis sie sich uns in ihrer
ganzen Pracht zeigen!

Alles über PILZE

Pilze sind weder Pflanzen noch Tiere, sondern bilden ein ganz eigenes Reich!

PILZE entstehen aus winzigen Sporen: Fallen die Sporen auf die Erde, bilden sie feine weiße Fäden aus, die sogenannten HYPHEN. Diese Hyphen formen ein unterirdisches Netzwerk, das wir MYZEL nennen. Über das lebendige, stetig weiterwachsende Myzel wird der Fruchtkörper des Pilzes, den wir sehen, mit Nährstoffen versorgt. Die Pilzfäden im Boden kompostieren pflanzliche Abfälle und machen die Erde fruchtbarer.

Schau nur, die **SPOREN**,
sie tanzen im Wind.

Wo die kleinen Pilzkinder
wohl landen?

Das INTERNET DES WALDES

Stell dir nur vor,
so unglaublich es klingt:
Auch die Bäume im Wald
haben Internet!

Bäume sind keine Einzelgänger
- sie leben in Gruppen
und sind unter der Erde
über ihre Wurzeln verbunden.

Diese Wurzeln bilden ein Netzwerk im Boden,
in dem Nährstoffe zum Wachsen gesammelt werden.

Jeder Teil dieses lebendigen Netzwerks „unterhält“ sich mit den anderen,
sodass dort unten ein munterer Austausch herrscht!

Doch das Geplauder der Bäume
läuft lautlos ab,
nur die Wurzeln kennen
ihre Geheimnisse.

Unmengen von Mikroben
bequatschen dort dies und jenes,
bis die Wurzeldrähte des
Waldinternets nur so brummen.

Und wer macht das alles möglich?
Na, die Pilze mal wieder!
Sie vernetzen sich mit den Bäumen
zum megacoolen Superhirn!

Sanft umspinnen sie die Wurzeln mit ihren Fäden
und schließen die Bäume in eine unterirdische Umarmung.

Ihr wunderbares Netz breitet sich über weite Flächen aus
und alle Nachrichten des Waldes gelangen sicher an ihr Ziel …

„Hier sind Nährstoffe für dich!",
sagt ein Baum zum anderen
und so werden die Setzlinge
im Schatten ihrer Mütter gefüttert.

Ohne Sonnenlicht können die Kleinen
allein nicht wachsen – wie gut,
dass die Wurzeln der Mutterbäume
sie mit allem Nötigen versorgen!

„Hilfe!“, ruft ein Schössling. *„Diese klebrigen Blattläuse knabbern an mir!“* Und schon wissen die übrigen Bäume Bescheid: Es gibt Schwierigkeiten!

„Wir brauchen Blattlausfresser!“, schallt ihr Alarmruf in den Wald, denn gemeinsam löst sich jedes Problem leichter.

Sie atmen bei Licht und
schmausen bei Nacht,
ihre Blätter werden kräftiger
und die Rinde wird hart.

Die Bäume verdanken ihre Kraft
den Pilzen im Boden,
die ihnen alle Nährstoffe
zum Wachsen liefern.

Und was bekommen die Pilze?
Die Bäume geben ihnen Zucker.
So lohnt sich die Zusammenarbeit
und schmeckt auch noch gut!

Ihre Freundschaft mit den Pilzen
hält die Bäume am Leben
- und so wächst auch
das Internet des Waldes!

Alles über das INTERNET DES WALDES

Das Internet des Waldes verbindet tief im Boden alle Bäume miteinander und breitet sich als riesiges Kommunikationsnetzwerk kilometerweit aus! Ein feines Gespinst aus Pilzfäden wächst um die Wurzeln der Bäume. Die Pilze versorgen die Bäume mit Nährstoffen und erhalten von ihnen im Gegenzug Zucker und Schutz. Diese für beide Seiten nützliche Partnerschaft nennt man SYMBIOSE.

Das INTERNET DES WALDES ermöglicht es den Bäumen, sich miteinander auszutauschen.

Da Wälder kommunizieren, zusammenarbeiten und wie ein einziges großes Gehirn Informationen teilen, finden viele Forschende, man sollte sie als einen einzigen SUPER-ORGANISMUS betrachten!

Wird ein Baum angegriffen, zum Beispiel von Blattläusen, dann schickt er chemische Botenstoffe durch seine Wurzeln, um die Nachbarbäume zu warnen.

Ein unsichtbares **NETZ**,
das alle Bäume verbindet …

wohin mag es führen?

Das LIED der HIRSCHE

Aus der samtigen Dunkelheit
des frühen Morgens
tritt beinahe schwebend
ein märchenhaftes Tier ...

Es schaut kurz herüber
und springt dann davon,
dem Morgengrauen entgegen.

Und noch eines taucht auf
wie ein Gespenst aus dem Nebel
oder ein flüchtiger Schatten,
fast zu zart, um echt zu sein.

Die Kälber bleiben dicht bei den Müttern

und alle stillen gemeinsam am Bach ihren Durst.

Ihre dunkel glänzenden
Augen schauen
wachsam umher, ehe sie
ihren Weg fortsetzen.

Sie äsen auf einer Wiese
vom taufrischen Gras
und knabbern die Rinde
von jungen Bäumen.

Die Sonne wärmt
ihr karamellbraunes Fell
unter einem
weißen Winterhimmel.

Plötzlich knarrt
ein Zweig, irgendwo
knackt ein Ast
und im Nu
springen alle
auf flinken Beinen
davon.

Elegant sehen sie aus, sogar auf der Flucht -
mit großen Sätzen geht es kreuz und quer durch den Wald.

Bis ein majestätisches Wesen zwischen den Bäumen hervortritt:

„Keine Panik, beruhigt euch, alles ist gut …“

Er stolziert aus dem Dickicht,
der stattliche Hirsch,
und schwenkt stolz seinen Kopf
mit der knöchernen Krone.

Selbstbewusst ist er und stark,
mit weißer Brust
und einem Lied, das weit
ins Land hinaushallt:

„Wir sind die Wächter des Waldes,
achtsam, leise und weise,
kennen Baum, Stein und Tier,
Tanne und Findling und Meise.

Kein Duft und kein Laut
entgeht uns,
wir lauschen Vogel
und Käfer,

leben im Schutz
großer Bäume
mit Fuchs, Dachs
und Siebenschläfer.

Die Hirschkühe und Kälber
scharen sich um ihn, sie stimmen
mit ein in sein Lied und bald hallt
ihr Gesang aus vielen Kehlen.

*„Uns ist der Wald und gemeinsam
sind wir mutig und stark,
sei der Sommer auch trocken,
sei der Winter auch karg.“*

Alles über ROTWILD

Zum Rotwild zählen einige der größten Hirscharten der Erde. Diese geselligen Geschöpfe leben in Rudeln von bis zu zweihundert Tieren und führen ein ruhiges, zurückgezogenes Leben in Wäldern und auf Wiesen.

Männliche Hirsche tragen ein GEWEIH.

Die weiblichen Hirschkühe sind KLEINER und leichter.

Die Hirschkälber tragen FLECKEN zur Tarnung.

Hirsche sind sowohl am Tag als auch in der Nacht aktiv, aber meist sieht man sie in der Dämmerung.

Das imposante Geweih der Hirsche besteht aus Knochen. Sie werfen es jedes Jahr ab – im folgenden Frühjahr wächst ihnen ein neues!

Rötlicher Abendglanz
leuchtet über dem Wald

und **WER** traut sich nun
aus dem Dickicht?

Der FLUG der STARE

Hoch oben im Geäst eines Baumes schmiegen sich drei Eier in ihr kuscheliges Nest.

Blau gesprenkelt liegen sie unter Mamas Brust, warm, sicher und geborgen.

Ein erstes Ei regt sich,
ein zweites wackelt,
dann knackt es und kracht
und die Schale reißt auf!

Ein kleines Köpfchen drückt sie nach oben
und ein Schnabel kommt zum Vorschein.

„Hallo, kleiner Vogel! Willkommen im Leben!"

„Tschilp, tschilp!", ruft das dritte Küken,
ganz frisch geschlüpft –
und schon recken und
strecken alle drei ihre Beinchen.

„Guten Morgen!", trällert die Mama.
„Augen auf! Gleich gibt es Frühstück!"
Und damit fliegt sie los,
auf der Suche nach Würmern.

Hungrig und durstig
zetern die Kleinen
und zwitschern und
schnattern beim Warten.

„Futter, bring Futter!",
schreit das erste Küken.
*„Damit uns schnell Federn
zum Fliegen wachsen!"*

*„Federn zum Segeln!
Zum Schwirren!
Zum Tanzen!"*,
stimmen seine Geschwister mit ein.

Da ist schon die Mama
mit Würmern im Schnabel.

Die Küken verschlingen sie
in einem Happs -
und mit vollem Bauch werden
die Kleinen ganz müde.

Noch ein Gute-Nacht-Lied
von Mama, und der Mond scheint
auf die Küken herab, während
sie sich ins Nest kuscheln.

Von Tag zu Tag wachsen sie, dem Himmel entgegen,
bis jedes ein zartes Federkleid besitzt - und bereit ist zum Fliegen.

Dann flattern und hüpfen
die kleinen Vögel im Nest

und
segeln
schließlich
vorsichtig
los.

Erst langsam, dann immer schneller und höher.
„Schau nur, wir fliegen!“, singen sie im Chor.

Viele Monate später ...

Starke Jungvögel sind
aus den Küken geworden und stolz
ziehen sie ihre Kreise am Himmel.

Sie schwärmen zusammen
zur riesigen Wolke,
wiegen sich am Himmel
wie die Wellen im Meer

und man ahnt es
schon vom Zusehen:
Etwas Schöneres als Fliegen
kann es kaum geben!

Alles über STARE

Aus der Ferne erscheinen die kleinen, geselligen Vögel schwarz - aber von Nahem betrachtet schimmert ihr Gefieder in Violett- und Grüntönen.

Im Winter kommen die Stare in der Dämmerung zu großen Schwärmen zusammen.

Nachts vollführen sie am Himmel akrobatische FORMATIONSFLÜGE.

Wieso? Der Schwarm bietet den Vögeln Schutz: Wenn viele von ihnen gemeinsam unterwegs sind, werden einzelne Tiere nicht so leicht Beute von Raubvögeln.

Außerdem wärmen sie sich gegenseitig und tauschen wichtige Informationen aus. Mit anderen Worten: Diese Gruppentreffen sind wie ein riesiger Vogel-Kaffeeklatsch!

WOHIN führt sie
ihr bezaubernder Flug?

Das findet nur heraus,
wer ihnen folgt …

Die MAGISCHE VERWANDLUNG der FRÖSCHE

Tausende Pünktchen tüpfeln den Teich … klein wie Zuckerperlen, mit einem schwarzen Fleck in der Mitte.

Sie schweben
an der Oberfläche,
Wackelpuddingbläschen
wie aus einer anderen Welt.

Sobald sie bereit sind, schlüpfen die Larven aus der weichen Hülle – und tada! Nun wimmelt es im Teich von kleinen Kaulquappen!

Mit wackelnden Ruderschwänzchen tauchen die Froschbabys ab, tummeln und verstecken sich im Schilf.

Wie Tintenspritzer
im algengrünen Teich,
mit zwei Knopfaugen, die schon
die Welt am Ufer bestaunen ...

Sie wachsen und wachsen,
flitzen durch das Wasser
und schlagen Wellen
mit ihren winzigen Schwänzen.

„Was für ein schönes Leben!", da sind sie sich einig.
„In unserem Teich ist es herrlich!"

„Die Algen sind lecker."
„Oh ja, das stimmt.
Aber guck mal, da oben,
die saftige Fliege ..."

Dort ruckelt ein Seerosenblatt - wer macht sich daran zu schaffen?

Ach was, den Kaulquappen sind winzige Zähnchen gewachsen!

„Kein Vergleich mehr zu den Eiern aus Glibber!", rufen die Kaulquappen stolz und bewundern ihre Froschbeine.

„Schau, wie wir schwimmen!", rufen sie im Chor. *„Zwei Beine sind super – noch besser wären nur ... vier!"*

Und im Nu sonnen sich pummelige Fröschlein auf den Seerosen ... Fast ist sie geschafft, die Verwandlung der Kaulquappen!

„Stellt euch bloß vor“, sagt eins zu den anderen, *„was wohl da draußen hinter dem Teich auf uns wartet!“*

Ein Tag bringt Sonne,
der nächste Regenschauer,
Blumen fangen an zu blühen und
Häschen hoppeln vorbei.

*„Das Leben im Teich
ist wunderbar"*, seufzen
die Fröschlein. *„Aber wir
haben Lust auf Abenteuer!"*

„Hey", ruft da eins,
„wir springen ans Ufer!"
Und mit einem schwungvollen
Hüpfer ist es an Land.

Bald hopsen die Fröschlein
über Stock und Stein,
ihre Schwänze verschwinden und
sie werden zu richtigen Fröschen!

Trocken und nass,
Erde und Wasser – ein Teich im Wald
ist der schönste Ort der Welt,
da sind sich alle einig.

Alles über die VERWANDLUNG der FRÖSCHE

Der Lebenszyklus eines Froschs hat mehrere Stadien - bei jedem Schritt wächst und verändert er sich und macht so eine beeindruckende Verwandlung durch. Diesen Prozess nennt man METAMORPHOSE.

1. Das Leben eines Froschs beginnt als winziges Ei in einem Teich mit unzähligen weiteren Eiern, die den LAICH bilden.

2. Aus den Eiern schlüpfen ebenso winzige KAULQUAPPEN mit langen Ruderschwänzen.

3. Nach mehreren Wochen wachsen den Kaulquappen BEINE!

4. Sobald auch die Arme dazukommen, sind sie richtige kleine FRÖSCHLEIN.

5. Der Schwanz schrumpft und die Kaulquappen entwickeln LUNGEN zum Atmen.

6. Wenn der Schwanz verschwunden ist und die Lungen ausgereift sind, sitzt am Teich ein richtiger FROSCH!

Während der METAMORPHOSE schlüpft zunächst eine KAULQUAPPE aus dem Ei, entwickelt erst Beine und dann Arme und wächst immer weiter, bis sie zum richtigen Frosch geworden ist! Der komplette Prozess dauert ungefähr sechzehn Wochen, vom Ablegen des LAICHS bis zum ausgewachsenen FROSCH!

Und schwups, hüpft der **FROSCH**
aus dem Teich und hinaus in die Welt …

Wen er an Land
wohl als Erstes trifft?

Das 7-JAHRES-FESTMAHL des HIRSCHKÄFERS

Tief im Wald
auf einer Lichtung lebt
im Innern eines Baumstamms
eine kleine Larve …

Der tote Stamm liegt dort
bereits sehr lange
und ist innen ganz faulig
und weich geworden.

Herrlich modrig und perfekt
zum Mampfen - also frisst
die kleine Raupe zum Frühstück
und zum Mittagessen davon ...

Und zum Abendessen und
vor dem Schlafengehen ...
Sie weiß, das leckere Holz
macht sie groß und stark!

Sicher und wohlig
schnabuliert sie vor sich hin,
Tag für Tag
und Jahr um Jahr ...

Bei Sonne und Wind, bei Regen und Sturm
frisst die Raupe, und das ganze sieben Jahre lang!

In dieser Zeit wächst sie ordentlich –
kein Wunder bei so einem Festmahl!

„*Jetzt bin ich satt!*", stellt die Raupe eines Tages fest.
„*Schön kräftig und rund und bereit für die Welt!*"

Sie knabbert sich aus dem Stamm hinaus, schaut umher – und gräbt sich zum Schlummern in die Erde ein.

In wenigen Wochen wird aus ihr ein gepanzerter Käfer. Sogar ein kleines Geweih wächst ihr am Kopf!

Und im nächsten Frühjahr wühlt sich mit Schwung

ein beeindruckendes Wesen aus der Erde!

Im Sommer beweist der Hirschkäfer
mit seinem schillernden Panzer
dann im Kampf mit Artgenossen,
was für ein starker Kerl er ist.

Wer so viel Holz
in seinem Leben gefressen hat,
der muss ja auch hart im
Austeilen und Einstecken sein!

Mit den Kauwerkzeugen ist er am Boden recht träge,
deshalb schwirrt er am liebsten – *„Hui!"* – durch die Luft.

„Auf zur letzten Reise!“,
ruft er. Nach so langer Zeit
als Raupe im Baumstamm
hat er es jetzt eilig ...

denn er weiß,
da draußen wartet
eine wunderhübsche
Käferdame nur auf ihn!

Und mit Gebrumm und Getöse
erheben die Hirschkäfer sich
im Schwarm in die Luft
wie kleine Propellermaschinen.

Erst schwanken sie
ein bisschen, dann
wippen sie auf und ab -
und schon sind sie in der
Nacht verschwunden.

Alles über den HIRSCHKÄFER

Mit seinem geweihähnlichen Oberkiefer gehört der männliche Hirschkäfer zu den größten Käfern der Welt. Unglaublich, dass er fast sein ganzes Leben als Larve verbringt! Nur zum Schluss kommt er an die Oberfläche, um Nachwuchs zu zeugen.

1. Das Leben des Hirschkäfers beginnt als winziges EI.

2. Aus dem Ei schlüpft eine LARVE. Fünf bis sieben Jahre lang frisst sie sich durch modriges TOTHOLZ.

3. Die Larve verlässt das Holz und vergräbt sich IM BODEN, wo sie sich VERPUPPT.

4. Nach etwa SECHS WOCHEN ist aus ihr ein erwachsener KÄFER geworden.

5. Im nächsten Frühjahr krabbelt der HIRSCHKÄFER ans Licht.

6. An der Oberfläche lebt er nur noch WENIGE MONATE.

Wenn männliche Hirschkäfer durch die Luft fliegen, scheinen sie der Schwerkraft zu trotzen. Ihre Flügel erzeugen ein tiefes, brummendes Geräusch und so wirken sie wirklich wie kleine Hubschrauber! Diese Verdauungs-Ökohelden recyceln still und leise fast ihr ganzes Leben lang die Abfälle des Waldes mit jedem Bissen Totholz, den sie fressen.

Der prächtige **HIRSCHKÄFER**
marschiert stramm voran,

denn er hat es eilig und
noch viel vor …

Der TANZ der HONIGBIENE

Endlose, in Sonne gebadete Wiesen und Felder,
ein Universum aus Gras, in dem sich Mäuse tummeln …

Auch Schmetterlinge
flattern farbenfroh umher
und die Blüten strahlen
in buntester Pracht …

Kornblumen stehen
zum Festmahl bereit,
in Hülle und Fülle für die
heransummenden Bienen.

Und schon landet
die erste, schnuppert
und riecht die Süße
des Nektars in der Luft.

„Komm, hol dir köstlichen Pollen!“, tönt es von den Blumen ringsum.

*„Und trag ihn für uns
in die Welt hinaus!“*

Und die Honigbiene langt zu,
nimmt, so viel sie tragen kann,
in ihren Pollenhöschen
mit auf die Reise ...

Geschickt schwirrt sie
von Blume zu Blume
und sammelt immer mehr
von dem goldenen Puder.

Die Gänseblümchen lächeln der Sonne zu und recken die Köpfchen, während die Biene ihre Arbeit erledigt.

„Nimm unsere süße Belohnung zum Dank – herrlich zuckrigen Nektar schenken wir dir!“

Und mit zufriedenem Brummen schlürft die Honigbiene noch einen letzten Rest, bevor es Zeit für den Heimflug ist …

Flink schwirrt sie zurück
zum Bienenstock
und fängt dabei vor Freude an,
in der Luft zu tanzen.

„Bienchen, Bienchen,
was bist du so spät?
Wir sind gespannt,
was dein Tanz uns verrät!“

Die Biene läuft eine eilige Acht:
„Auf der Wiese, folgt mir dorthin,
gibt's reichlich zu essen
für die Königin!“

Und schon schwärmen sie
gemeinsam los,
zurück zu den Gänseblümchen,
um Nachschub zu holen …

Bepackt geht es
schließlich zurück zum Stock,
am Teich entlang fliegen
die Bienen nach Hause.

Unter ihnen wiegen sich
die Gänseblümchen
und Sonnenstrahlen wärmen
den weichen Pelz der Insekten.

Die reiche Ausbeute an Pollen
und Nektar im Bienenstock
glitzert wie Gold und
ist fast ebenso wertvoll:

Ein kleines Wunder
geschieht hier jeden Tag
dank der Bienen und
der bunten Blumenwiese!

Alles über BIENEN und BESTÄUBUNG

Ohne BESTÄUBUNG könnten sich Blütenpflanzen nicht vermehren. Sie sind darauf angewiesen, dass ihr Pollen, also der Blütenstaub, von einer Blume zur anderen gelangt, sodass dort neue Samen entstehen können, aus denen Jungpflanzen wachsen. Dabei helfen ihnen BESTÄUBER wie zum Beispiel Bienen. Ohne sie wären unsere Wiesen längst nicht so bunt und schön.

1. Die männlichen Organe einer Blume stellen eine pudrige Substanz her: den Blütenstaub oder POLLEN.

2. Eine Biene nimmt den Pollen auf, wenn sie von Blüte zu Blüte fliegt.

3. Indem sie den Pollen auf einer anderen Blüte wieder verliert, BESTÄUBT sie die Blume. Nun können neue Samen entstehen.

4. Die Biene sammelt außerdem Pollen und trägt ihn zurück zum Bienenstock.

5. In Pollenhöschen an ihren Beinen transportiert sie den Blütenstaub. Nektar bewahrt sie im Honigmagen auf.

6. Zur Belohnung für ihre harte Arbeit schenken die Blumen ihr Nektar, eine zuckrige Flüssigkeit - daraus machen die Bienen ihren köstlichen goldenen Honig. Vom Pollen ernähren sie sich selbst.

7. Der SCHWÄNZELTANZ in Form einer Acht verrät anderen Bienen, wo sich eine Nahrungsquelle befindet. Quasi ein Bienennavi!

Viele verschiedene Pflanzen brauchen Bienen zur Bestäubung - und die Bienen brauchen die Blumen, um leben und Honig herstellen zu können. Ein Drittel unserer Lebensmittel haben wir Bienen zu verdanken - ohne sie könnten wir schlicht nicht existieren!

Die **HONIGBIENEN**
tänzeln nach Hause –

doch auf der Wiese gibt es
noch viel mehr zu entdecken ...

Das KLEINE GRAUE KANINCHEN und die GRÜNE MASCHINE

Mitten auf der Wiese, in einem Bau tief im Boden
lebt ein kleines graues Kaninchen ...

Sonnenlicht fällt auf
das saftige Gras, und
der kuschelige Bau hat genau
die richtige Kaninchengröße!

Das Kaninchen knabbert ein paar Halme, hoppelt mal hierhin, mal dorthin und tollt ausgelassen durch das Grün.

Doch eines Tages fragt es sich: *„Was, wenn da noch mehr ist?“* Und schon hüpft es davon, um die Welt zu erkunden ...

Bald steht das Kaninchen vor vielen Bäumen, die ganz dicht beieinander aufragen.

Es hoppelt weiter bis auf eine sonnige Lichtung und legt sich in den Schatten der jungen Schösslinge, die dort wachsen.

Verträumt schaut es hoch
zu den höchsten Ästen
der großen Bäume, deren Zweige
den Himmel berühren.

„So wunderschönes Grün", denkt es sich.
„Das ist der schönste Wald, den ich je gesehen habe!"

„Er hat nur auf mich gewartet, dieser Wald voller Wunder,
und nirgends auf der Welt möchte ich lieber sein!"

Ein Weilchen starrt es hinauf ins Blau, lässt die Gedanken einfach ziehen und fragt nicht nach dem Wie oder nach dem Warum.

Denn ob klein, ob groß, jedes Lebewesen spürt, dass dieses Grün magisch ist ... Und diese Magie funktioniert so:

Das Chlorophyll in grünen Pflanzen
macht sie zu leistungsstarken
kleinen Maschinen,
angetrieben vom Sonnenschein!

Jeder Baum im grünen Kleid und
jede saftige Wiese nutzt das Licht,
um zu wachsen und neue Blätter
und Halme hervorzubringen.

Dank der Sonne bilden sie
ihre Nahrung selbst –
und schenken uns dabei
sogar noch Sauerstoff!

Und Sauerstoff ist etwas wirklich Wunderbares:

ein Gas in der Luft, das wir einatmen und zum Leben brauchen!

Kohlendioxid dagegen - das wir ausatmen -

brauchen die Bäume und alle anderen Pflanzen. Ein perfekter Tausch!

Das Kaninchen hockt sich
auf eine bequeme Wurzel,
mümmelt ein paar Stängel
und knabbert frische Triebe.

Denn es spürt wie alle Lebewesen,
ob klein, ob groß, dass dem Grün
eine Magie innewohnt -
und genau so soll es sein!

Alles über FOTOSYNTHESE

FOTOSYNTHESE nennen wir den Prozess, bei dem grüne Pflanzen mithilfe von Sonnenlicht ihre eigene Nahrung herstellen. Ohne Fotosynthese gäbe es keine Tiere und auch uns nicht!

Zur Fotosynthese benötigen die Pflanzen SONNENLICHT, CHLOROPHYLL, WASSER und KOHLENDIOXID. Das Kohlendioxid bekommen sie aus der Luft und Wasser ziehen sie aus dem Boden.

Mit der ENERGIE des Sonnenlichts und dem Wasser wandeln sie Kohlendioxid in ZUCKER um. Als Abfallprodukt entsteht Sauerstoff – das Gas, das Tiere (und auch wir Menschen) zum Atmen brauchen!

Also sind Pflanzen im Grunde GROẞE GRÜNE SONNENSCHEIN-MASCHINEN!

Das **KANINCHEN**
erkundet hoppelnd die Welt …

Wen es wohl
als Nächstes trifft?

Die MOTTE und der MOND

Am Tag ruht sich
die leuchtend weiße Motte aus –
aber dann, sobald der Mond
aufgeht und vom Himmel scheint …

da wacht sie auf
und flattert los
im hellen Licht, das ihr
die Nacht erhellt.

Sie folgt dem elfenbeinfarbenen Schimmer
und sucht sich ihren Weg,

flattert zielstrebig voran,
als wäre er auf einer Karte aus Mondlicht eingezeichnet.

Kurz hält sie inne,
starrt hinauf zum Mond
und flüstert einen Wunsch,
den nur er hören darf:

*„O Mond, lieber Mond,
mit so lieblichem Schein,
ich möchte verliebt sein
und nicht länger allein!*

*Aber wie soll das gehen?
Stumm und klein, wie ich bin.
Ohne Stimme zum Rufen ...
Wo flieg ich nur hin?"*

Der Mond schaut liebevoll
auf die Motte herab und
antwortet ihr mit einem Lächeln:
*„Ich weiß ja so manches,
drum hör meinen Rat ...*

*Such nicht die Liebe,
lass dich von ihr finden –
geh auf die Reise,
bald wirst du dich binden!*

Am wohligsten klingt oft
ganz stille Musik,
die Natur wird es richten,
drum flieg, Motte, flieg!"

Der Mond gießt weiter
sein silbriges Licht aus und
die Motte folgt ihm und zieht
eine süßlich duftende Spur
hinter sich her ...

Und plötzlich steigt aus dem Dunkel der Nacht
eine Gruppe von Verehrern auf und beginnt, ihr zu folgen …

Ganz betört sind sie vom Duft der bunten Motte mit den feurigen Flügeln
- und schau nur, was im Nu passiert ...

Eine flatternde, wogende Wolke verdeckt den Mond -
eine Wolke aus verliebten Motten, die ihre Angebetete bald eingeholt haben!

Bei so vielen Werbern
fällt ihr die Wahl richtig schwer,
doch die Motte ist glücklich,
denn ihre Reise hat sich gelohnt!

*„Gute Nacht, kleine Motte,
du kannst ruhig schlafen!“*
Und das tut die Motte, da
sie weiß, dass der Kreislauf
des Lebens weitergeht …

Alles über NACHTFALTER

Nachtfalter, die umgangssprachlich oft Motten genannt werden, schaffen es mühelos, geradeaus zu fliegen, indem sie sich immer im selben Winkel zum Mond halten. So finden sie ganz einfach ihren Weg.

Die Motte in der Geschichte ist ein BRAUNER BÄR, der Schmetterling des Jahres 2021.

Braune Bären haben schokoladenbraune Vorderflügel mit weißem Linienmuster. Darunter verbergen sich leuchtend rot gefärbte Hinterflügel mit blauschwarzen Punkten.

Braune Bären sind nachtaktiv. Deshalb müssen sie sich im Dunkeln paaren. Das gelingt ihnen, weil die Weibchen ein starkes PHEROMON abgeben, einen Duftstoff, den männliche Falter unwiderstehlich finden. Sobald sie auch nur einen Hauch davon wahrnehmen, flattern sie schnell in Scharen herbei.

Die grellen Farben sind eine Warnung für Fressfeinde, dass der Schmetterling giftig ist. Schlau sind die Nachtfalter auch: Sie verwirren Fledermäuse (ihre größten Feinde), indem sie Klicklaute von sich geben, die deren Echoortung stören.

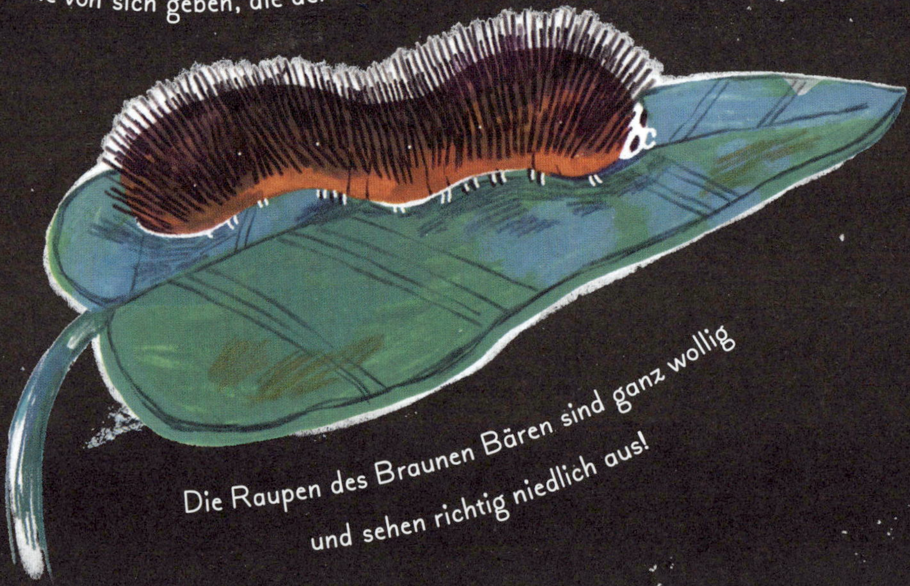

Die Raupen des Braunen Bären sind ganz wollig und sehen richtig niedlich aus!

Der silbrige **MONDSCHEIN** erhellt den Wald
und fällt durch dein Fenster auf die Buchseiten …

Jedes Tier und jeder Baum,
jedes Wesen, groß und klein,
birgt sein ganz eigenes Geheimnis.
Und alle zusammen bilden sie vor unseren Augen
eine Welt voller Wunder!

Mit Fragen zur Produktsicherheit wenden Sie sich bitte an:
carlsen.de/kontakt

Text: Gabby Dawnay
Illustrationen: Mona K
Übersetzung: Fabienne Pfeiffer
Lektorat: Katharina Eisele
Grafik und Satz: Anje Volber

ISBN: 978-3-551-25458-0
carlsen.de